小明和马克都吃早饭。

小明吃面包，

而马克吃水果。

他们都吃午饭。

小明吃面条，

而马克吃三明治。

他们都吃晚饭。

小明吃米饭，

而马克吃肉和蔬菜。

但他们都喜欢把冰激凌当甜点！

vocabulary

当
dāng
to work as; to serve as

三明治
sānmíngzhì
sandwich

冰激凌
bīngjīlíng
ice-cream

肉
ròu
meat

蔬菜
shūcài
vegetables

甜点
tiándiǎn
dessert

面条
miàntiáo
noodles

page 1	小明和马克都吃早饭。 Xiǎomíng hé Mǎkè dōu chī zǎofàn. Xiaoming and Mark both eat breakfast.
page 2	小明吃面包， Xiǎomíng chī miànbāo, Xiaoming eats bread,
page 3	而马克吃水果。 ér Mǎkè chī shuǐguǒ. but Mark eats fruit.
page 4	他们都吃午饭。 Tāmen dōu chī wǔfàn. They both eat lunch.
page 5	小明吃面条， Xiǎomíng chī miàntiáo, Xiaoming eats noodles,